# कविता जीवन

डॉ. जयंती प्रसाद

Made with ♥ on the Notion Press Platform
www.notionpress.com

Cover Design by Deepak Bhatt

# अनुक्रमणिका

प्रस्तावना........ 8

१ लेखनी हाथ में है........ 11

२ आस्था........ 12

३ एक दुनियां........ 13

४ मेरी सहानुभूति........ 14

५ मैं जानता हूँ........ 15

६ परिचय........ 16

७ तुम्हारी प्रतिबंधित सोच........ 17

८ बहुत धीरे चलने पर........ 18

९ हर कदम पर........ 19

१० परेशां धूप को........ 20

११ तमन्नाओं के तोहफे........ 21

१२ मैं चाहता हूँ........ 22

१३ टुकड़े जुड़े........ 23

१४ उनके कहे शब्द........ 24

१५ बिना नाम वाले रिश्तों........ 25

१६ ईश्वर की खोज........ 26

१७ मुश्किल वक्त........ 27

१८ दरवाजे के बाहर........ 28

१९ कवितायें जो........ 29

२० हर पन्नें पर........ 30

२१ यों ही ........ 31

२२ कहीं एक नदी ........ 32

२३ जब कुछ भी नहीं ........ 33

२४ आसमान तुम बड़े हो ........ 34

२५ इस अंधेरे का ........ 35

२६ सही पता भगवान का ........ 36

२७ उस रात जब ........ 37

२८ बातें कुछ कही ........ 38

२९ उजाले का पर्दा ........ 39

३० बिना वजह के ........ 40

३१ देखता रहा मैं ........ 41

३२ तुम्हारे और मेरे बीच ........ 42

३३ हर नींद के ........ 43

३४ इससे पहले ........ 44

३५ उसके बाद ........ 45

३६ उस प्रेम के लिए ........ 46

३७ इस सन्नाटे में ........ 47

३८ वो सब कुछ ........ 48

३९ इतना खुला ........ 49

४० एक कठोर आवरण ........ 50

४१ जिंदगी दस्तकों के बाहर ........ 51

४२ तुमने कुछ कहा ........ 52

४३ ये मेरी कहानी है ........ 53

४४ चुराई गई धूप ........ 54

४५ ऐसा कुछ हो ........ 55

४६ करीब तो कभी ........ 56

४७ वही पुराने शब्द.......... 57

४८ तारीखें लौट आयी .......... 58

४९ मैं बिलकुल वैसा नहीं हूँ .......... 59

५० हम कीमत.......... 60

५१ झील का धैर्य.......... 61

५२ शब्दों में घर .......... 62

५३ तिनकों पर .......... 63

५४ कविता पूरी लिखूंगा.......... 64

५५ अपनी अपूर्णता में ही.......... 65

५६ मैं तब तब टूटा हूँ .......... 66

५७ एक स्वर्ग .......... 67

५८ आज और कल.......... 68

५९ तारे उग आते हैं .......... 69

६० शब्द जहाँ से भी गुजरे .......... 70

६१ पहचान निकल चुकी है .......... 71

६२ घुघूती.......... 72

६३ लम्बी रात .......... 73

६४ कहीं कुछ.......... 74

६५ बहुत पहले वक्त के .......... 75

६६ युद्ध उत्सव .......... 76

६७ प्रेम गीत है ये.......... 77

६८ शब्दों का जंगल .......... 78

६९ पुराने रास्ते.......... 79

७० रिश्ते सूख जाते हैं.......... 80

७१ मेरे ईश्वर .......... 81

७२ ये पक्षी.......... 82

७३ मैं नहीं चाहता लिखूं ........ 83

७४ जो लोग धूप में ........ 84

७५ शब्द बहुत थे ........ 85

७६ अपरिचय और परिचय ........ 86

७७ जिस घर में ........ 87

७८ ये  आदमी ........ 88

७९ प्रेम पत्र ........ 89

८० ये दुनिया है ........ 90

८१ कोरा कागज ........ 91

८२ कुछ शब्दों को ........ 92

# प्रस्तावना

ये मेरा कविता जीवन है | इसे आप मेरे प्रत्यक्ष जीवन का समानान्तर या प्रतिबिम्ब जीवन भी कह सकते हैं या एक ऐसा जीवन मान सकते हैं जो शब्दों से गढ़ा गया है | मेरे लिए शब्द सर्व शक्तिमान हैं, वो हमें मन की यात्रा कराते हैं | अक्सर हम शब्दों की सामर्थ्य को संवाद और संदेशों के लिए उपयोग में लाते हैं लेकिन मेरी कविताओं में शब्दों का उपयोग मुख्यतया संवेदना के लिए किया गया है | संवेदनाएं संवाद और संदेश की तरह वस्तुनिष्ट तो होती नहीं हैं, उनके केंद्र में व्यक्ति होता है, जिसकी अपनी पृष्ठ्भूमि होती है | मेरी कविताओं का असर पाठक की संवेदना से गहरे रूप से जुड़ा हुआ है | जहाँ तक शब्दों के अर्थ की बात है तो ये तथ्य जगजाहिर है कि शब्दों का सही अर्थ किसी शब्दकोष में नहीं मिल सकता है - वो इस बात पर निर्भर करता है कि लोग शब्दों का उपयोग कैसे करते हैं | मुझे इस बात को स्वीकारने में कोई संकोच नहीं है कि कृत्रिम मेधा (आर्टिफीसियल इंटेलिजेंस) के क्षेत्र से गहरे रूप से जुड़े होने के कारण मेरी ये धारणा पुख्ता हुई है | आप अगर किसी शब्द के उपयोग की यात्रा को समझे तो ही आप उस शब्द के अर्थ और सामर्थ्य से पूर्णतया परिचित हो सकते हैं | मेरी एक कविता की पंक्तियाँ हैं -

*शब्द जहाँ से भी गुजरे*
*अर्थ पकड़ते गए*

मेरे कविता जीवन की शुरुआत बचपन में पढ़ी छायावाद की रचनाओं से हुई, जिनमें महादेवी वर्मा का नाम सर्वोपरि है, वो अलग बात है की मेरी कविताओं में छायावाद की कोई छाया नजर नहीं आती है | मैंने महादेवी वर्मा की यामा पता नहीं कितनी बार पढ़ी कहना मुश्किल है और इसका प्रभाव यह रहा की मैं संवेदनाओं और अनुभूतियों के शब्दों से सम्बन्धों के बारे में जागरूक हो गया |

जीवन से बाहर जब एक और जीवन जीने की इच्छा बलवती होने लगती है तब हम नये सच की तलाश में लग जाते हैं । मेरे लिये कविता लिखना शायद इसी सच के आस - पास रहना जैसा ही है । हम शब्दों को जन्म देते हैं पालते हैं और उन्हें शक्तिमान बनाते हैं जिससे कि वो अनुभूतियों की अभिव्यक्ति सफलतापूर्वक कर सकें । कविता की प्रेरणा मेरे लिये शब्दों के साथ अनुभूति से अभिव्यक्ति की यात्रा है । जिस प्रकार चित्र के अन्दर मौजूद बिन्दु और रेखायें चित्र बनने के बाद अपना अस्तित्व खो देते हैं, उसी प्रकार कविता यात्रा में जीवन के छोटे-छोटे पड़ाव जो हमें विषयवस्तु देतें है, स्मृतियों में उपस्थिति दर्ज कराकर लुप्त हो जातें हैं । चीजों को देखने और महसूस करने में ज्यादा फासला कभी नहीं रहता है, अभिव्यक्ति कम या अधिक समय ले सकती है । कविता के लिये कभी अलग से विषयवस्तु नहीं तलाशनी पड़ती वो स्वयं तलाश लेती है । देर सवेर प्रेरणा की आवश्यकता जरूर होती है लेकिन जीवन स्वयं उसकी पूर्ति कर देता है । कुछ साल पहले कहीं एक कविता पढ़ी थी -

*आदमी की कहानी नहीं होती*
*सिर्फ एक इतिहास*
*बल्कि होता है*
*पूरा दस्तावेज उसके सफर का*
*कि कहां कहां*
*से होकर*
*गुजर गया आदमी*

आदमी के होकर गुजरने की बात को यूं तो कई ढंग से कहा जा सकता है, लेकिन जब होकर गुजरने की त्रासदी को प्रतीकों में कहना होता है तो शायद कविता ही सबसे अधिक सफल रहती है । होकर गुजरने के पड़ाव एकदम नये भी नहीं होते हैं या कहें कि होकर गुजरने की कहानी एक ही रहती है सिर्फ पात्रों के नाम बदलते हैं तो ज्यादा ठीक रहेगा । मेरी कविताओं में होकर गुजरने की बात कितनी सफलतापूर्वक कही जाती है ये जवाब तो शायद स्वयं कविता के अलावा कोई नहीं दे सकता है ।

हम नई चीजें सीखते हैं पुरानी भूल जाते हैं फ़िर भी अंतर्मन पर अतीत के भले - बुरे की छाप तो रहती ही है । जितना दूर जाओ जितने गहरे उतरो यादें धुंधलाती जाती हैं । कविता लिखना कुछ खुद को अतीत के साथ एक आईने में उतारने या समय को पारदर्शी बनाने का एक प्रयास ही है मेरे लिये । जब रास्तों का हिसाब गलत होने लगता है एक असमंजस की स्थिति बन जाती है कविता तब ज्यादा मुखर होने लगती है । कहीं पढ़ा था -

*दर्दे दिल की तमन्ना थी कि आह. करूँ*
*जज्बे गम हलक दबाता था आवाज न हो*

भावनाओं की तीव्रता हो या अहसासों की गहराई, अथवा घटनाओं को चुपचाप देखने की निरीहता, कविता में सब कुछ अगर स्वाभाविक रूप से आता है तो कविता का प्रवाह छूकर निकलता है । जब लिखना शुरु किया था तव बिना ज्यादा सोचकर लिखा इसलिए उसमें एक तालमेल की कमी थी कई बार तो सिर्फ शब्दों के लिये भी लिखा लेकिन वो लेखन सन्तुष्टि से काफी दूर था, आज भी दूर है, लेकिन अब शब्द खुद आ जाते हैं । हम चीजों को देखतें हैं, जाने या अनजाने महसूस भी करते हैं, जो हम महसूस करते हैं वो कम या अधिक समय और परिस्थितियों से अवश्य प्रभावित होता है । लेखक या कवि भावनाओं में भले ही देश काल से परे जाने का दंभ करे लेकिन वास्तविक जीवन और उसके अनुभव किसी स्थान विशेष या समय विशेष से अलग नहीं हो सकते । गति, कल्पनाशीलता, और भावनाओं का सीधा संप्रेषण इतनी बातें भी हो तो कविता अपने उद्देश्य में सफल हो सकती है । जहां तक उद्देश्यों का सवाल है मेरी कोशिश रहती है कि कविता वह कहे जो मैं नहीं कह सकता । सामाजिक समस्याएं और राजनीति को मैं कविता से दूर रखता हूँ लेकिन मैं समाज के केन्द्र में रहने वाले उस प्राणी के साथ संवेदना रखता हूँ जो घटनाओं को देखने वाला ही नहीं बल्कि उनसे पीड़ित होने वाला भी है ।

कविता मेरे विचार में व्यक्तिगत अनुभूति ही अधिक है भले ही कुछ लोग कविता से क्रान्ति के सपने देखते हैं । अगर कविता कोई क्रांति ला सकती है तो वो क्रान्ति व्यक्तिगत ही होगी । समय के साथ बदलती मनोस्थिति भले ही कविता में दिखे लेकिन कविता के केन्द्र में रहने वाली भावना एक ही रहती है । इसमें कोई दो राय नहीं कि समय के साथ मिला अनुभव संप्रेषण को अधिक प्रभावी बनाता है । कवि हो या चित्रकार दोनों अपनी रचनाओं में प्रतीकों और बिम्बों का सहारा लेते हैं । मेरी कविता में अक्सर रास्ते, रात, नदी, सफर, सड़कें, लोग आदि बिम्ब बनकर आते हैं । वर्तमान समय में बदलाव इतनी जल्दी हो रहें हैं कि हमें जीवन की नित नयी परिभाषायें बनानी पड़ रहीं हैं । आत्मकेंद्रित होते लोग और सिमटते दायरे , भीड़ के बीच रहकर भी एक अकेलापन , भविष्य की अनिश्चितता ये सब मिलकर मेरी कविता को पोषित नहीं तो प्रेरित अवश्य करते हैं । मेरी कविताओं में भगवान को मैं एक प्रतीक की तरह उपयोग करता हूँ जिसका कोई भी निश्चित अर्थ तय करना मुश्किल है | लेकिन अधिकतर जहाँ भी मैं भगवान का जिक्र करता हूँ उसका तात्पर्य इंसानों द्वारा गढ़े भगवानों से है |

इस संकलन की कुछ कविताये काफी पहले लिखी गयी थी लगभग बीस साल पहले मेरे इलाहाबाद प्रवास के दौरान | वो एक कठिन और चुनौती पूर्ण समय था | अनिश्चितता बहुत अधिक थी और मैं एक प्रकार से युद्ध के बीच में था | वो युद्ध मैं खुद से लड़ रहा था और इसका प्रतिबिम्ब मेरी कविताओं में भी मिलेगा | कुछ कवितायेँ मैंने अपने श्रीनगर प्रवास के दौरान भी लिखी | मेरे जीवन के दस साल पुणे में गुजरे और तब मैं अलग संघर्ष से गुजर रहा था और उस समय की भी कुछ कवितायें इस संकलन में है | बाकी कवितायें पिछले कुछ सालों के दौरान लिखी गई हैं |

अगर मेरी कविताएँ पाठकों को उन स्थितियों और परिस्थितियों की लघु यात्रायें करा सकें जहाँ मेरी कवितायेँ जन्मी हैं तो मैं अपने प्रयास को सफल मानूंगा |

डॉ जयन्ती प्रसाद
चेन्नई, मार्च २०२६

# १ लेखनी हाथ में है

लेखनी हाथ में है
और मन
गहराइयों में उतर चुका है
शब्द उड़ रहे हैं
आवारा पक्षियों की तरह
मैं उन्हें मुंडेर पर बैठाने की
कोशिश कर रहा हूँ
जैसे कि कोई
रेत को मुट्ठी में
भरने की कोशिश करता है
कल एक लम्हा वक्त का
सिरहाने रखकर सो गया था
रात भर दौड़ता रहा
सपनों के पीछे
पिंजरा लेकर
आज फिर कोशिश कर रहा हूँ
वक्त को कैद करने की
शब्दों के आकाश में

# २ आस्था

भगवान के आसपास
आस्था की दीवारें
ऊंची और पाषाणी
मंदिरों में
प्रार्थनाओं की सिसकी
घंटियों की आवाजों में
दरवाजों पर लिपटी
परंपराओं की पुरानी काई
धूप अगरबत्तियों के
धुएं से परेशान भगवान
भक्तों की लंबी कतारें
इच्छाओं की भीड़भाड़
एक दरवाजे से अन्दर गया
दूसरे से बाहर आ गया

# ३ एक दुनियां

एक दुनियाँ अनजाने स्पर्शों की
हवा के झोंकों की तरह लापरवाह
शाम, गहरी गुलाबी शाम
जल्दबाजी में आ पहुंचा
एक तारा हतप्रभ
कौन से रंग लिपटते रहे  नजरों से
अनवरत कौन समीर चलता रहा
आँचल पकड़कर जीवन पर्यन्त
कहाँ गया वो चेहरा
जिसने न बदलने की
कसम खायी थी
तब से अब तक
कितने चल चुके हैं
इन रास्तों पर
पर हर सफर फिर भी नया

# ४ मेरी सहानुभूति

मेरी सहानुभूति
उन लोगों के साथ है
जिनके जन्म पर
खुशियाँ नहीं मनायी गयी
जिनके सपनों में
किसी ने झाँककर नहीं देखा
जिनका प्रेम
कभी महत्वपूर्ण नहीं रहा
मेरी खुशी
उस सूरज के पास है
जो सबके लिये उगा
जिसने सबको जीवन दिया
जिसने सबका मार्ग प्रशस्त किया
मेरी उम्मीद उस हवा के साथ है
जो सरहदों से होकर गुजरी
जो हर खुशबू के साथ बही
जिसने जीवन को रफ़्तार दी
मेरी पीड़ा
उन काँटो के कारण है
जो फेंक दिये गये
एक दुनिया से दूसरी दुनिया में
जिन्होंने मुझे
फूलों का महत्व समझाया
दुखों में साथ दिया
मुझे अफसोस है
सिर्फ उस बात के लिये
जो नहीं कह सका मैं
तुम्हारी खुशी के लिये

# ५ मैं जानता हूँ

मैं जानता हूँ तुमने वही किया
जो तुम कर सकते थे
मैं भी होता
तो वही करता
फिर भी मुझे
तुमसे शिकायत है
और तुम्हें
मुझसे आशा
शायद अभी जीवन जीने
लायक है

# ६ परिचय

क्या कहा
मुझे नहीं पहचानते
चलो अच्छा है
मैं भी नहीं चाहता
परिचय देकर
तुम्हें असमंजस में डालना
क्या कहा
काफी वक्त गुजर गया
लगता तो नहीं  है
लेकिन तुम कहते
तो मान लेता हूँ
वैसे भी मैं
कहां ढूँढ लेता
एक खोया लम्हा
वक्त के
गलियारों में

# ७ तुम्हारी प्रतिबंधित सोच

तुम्हारी प्रतिबंधित सोच
और मेरी विद्रोही चेतना
तुम्हारा वरदानी ईश्वर
और मेरा
अनन्त स्वीकार लिये
कृतार्थ मन
तुम्हारा भ्रम का कोहरा
और मेरी
आशा की किरण
तुम्हारी टुकड़ों मे बंटी दुनिया
और मेरा
एक आकाश
तुम्हारे भक्ति -मुक्ति के असंख्य साधन
और मेरा
लक्ष्य बंधन

# ८ बहुत धीरे चलने पर

बहुत धीरे  चलने पर
भी चलने का पता नहीं चलता
तेज चलें तो सब कुछ
इतनी जल्दी बदलता है
कि कुछ भी याद रखना
कठिन होने लगता है
कुछ मुलाकातों के शब्द
ऐसे अटक जाते हैं
जैसे कि
दामन से लिपट जाये
कोई काँटों की बेल
तार-तार होते भ्रम के लिये
जितने काँटे निकालकर फेंको
उतने और आ जातें हैं

# ९ हर कदम पर

हर कदम पर
मंजिल होती है
रास्ता कभी रुकता नहीं
गलियां घरों को जोड़ती हैं
सड़कें शहरों को
इंसानों को जोड़ने वाली
पगडंडियां कब बनती हैं
कब मिटती हैं
पता नहीं चलता

# १० परेशां धूप को

परेशां धूप को इधर उधर
टहलते दखता हूँ
नदी के साथ नजर को भी
बहते देखता हूँ
शक होता है जिन सायों पर
उन्हें करीब जाकर देखता हूँ
डूबता सूरज
रक्तरंजित कर देता
है नदी को
और पल भर के लिये
सुनहरी आभा
खिड़की से चली आती है
कमरे में
और मैं भी हो जाता हैँ
लहलुहान
फिर से
नहाने के लिये अंधेरे में

# ११ तमन्नाओं के तोहफे

यों ही
तमन्नाओं के तोहफे
कागजों को देता हूँ
मिलने की हसरत
दिल में लिये
जिन्दगी
मैं तेरे करीब होता हूँ
ख्वाहिशों की खाक
हवा उड़ा ले जाती है
मैं मुफ्त में
रात दिन
शहीद होता हूँ

# १२ मैं चाहता हूँ

मैं तुम्हारी हंसी के पेड़
उगते देखना चाहता हूँ
दीवारों पर
और छलकते देखना
चाहता हूँ
तुम्हारी खुशी को
दिन  के स्वर्ण कलश में
मैं तुम्हें स्वछन्द उड़ते
देखना चाहता हूँ
अपने आकाश में
और नहीं
मांगता परों का वरदान
मैं तुम्हारी रात के किनारे पर
सूरज बनकर नहीं रहता
लेकिन रोशनी के बीज
बोता हूँ  एक
अंधेरे समय में

# १३ टुकड़े जुड़े

टुकड़े जुड़े
लेकिन रह गया कहीं कुछ
जो जुड़ नहीं पाया
दरवाजे अच्छी तरह
बन्द कर दिये
लेकिन लगा खुद को
बाहर छोड़ आया हूँ
कागज
फाड़कर जला भी दिये
पता नहीं
फिर भी यह अहसास
क्यों गहरा हो गया कि
अब भी सब कुछ बाकी है

# १४ उनके कहे शब्द

उनके कहे
कुछ शब्द
जो रात को देर तक
सोने नहीं देते थे
आज भी मेरे साथ हैं
लेकिन अब में
सो लेता हूँ
क्योंकि मुझे
उनके अर्थ पता
लग गये हैं
उनके दिखाये राश्ते
अब मैं भूल चुका हूँ
क्योंकि मुझे
अपने रास्ते
यादे आ गये हैं

# १५ बिना नाम वाले रिश्तों

बिना नाम वाले
रिश्तों की अपूर्णता
आज इतनी उर्वरा हो गयी है
कि मुझे
नाम वाले
रिश्तों का मोह
त्यागना पड़ रहा है
इन अंधेरों की आत्मीयता
उस सीमा तक पहुंचने लगी है
जहां मैंने
उजाले और प्रेम की
प्रतीक्षा की थी
युगों तक

# १६ ईश्वर की खोज

पदार्थ की सूक्ष्मतम सत्ता से लेकर
ब्रह्माण्ड की अनन्त गहराइयों तक
चेतना की सीमाओं से लेकर
जीवन की परिभाषाओं तक
रात दिन ढूँढते हैं
तुझे हम
हे  होकर न दिखने वाले प्रभु
मिलकर न मिलने वाले प्रभु
मन की गहराइयों से
कल्पना की उड़ानों तक
अब हम नहीं करते तेरी तलाश
मन्दिर मस्जिद और गिरिजों में
क्योंकि वो अब तेरे लायक नही रहे
वहां नफरत है
इंसानों को बाँटने की शरारत है
हमें यकीन है
कि तू सृष्टि की हर रचना में है
समय के हर क्षण में
तेरी मौजूदगी है
फिर भी हम
तुझे ढूँढते हैं

# १७ मुश्किल वक्त

मुश्किल वक्त में
सड़कें कमजोर हो जाती हैं
पुल टूटने लगते हैं
धूप तेज हो जाती है
मुश्किल वक्त हमेशा
चोराहे पर मिलता है
और हम पूछ नहीं सकते कुछ भी
मुश्किल वक्त में
विश्वास डगमगाने लगते हैं
आस्थाएं बिखरने लगती हैं
सवाल उलझने लगते हैं
मुश्किल वक्त में
चेहरे बदलने लगते हैं
फासले बढने लगते हैं
मुश्किल वक्त
पतली गली से
होकर गुजरता है
और फंस जाता है
हम प्रतीक्षा करते हैं
उसके निकलने की
मुश्किल वक्त के बाद
एक सपाट मैदान है
जहां हमारे सपने रहते हैं
इसलिये हम लड़ते हैं
मुश्किल वक्त में भी
वहां पहुंचने के लिये

# १८ दरवाजे के बाहर

दरवाजे के बाहर
पहरा देती दस्तकें
सांसों के बीच फंसी जिन्दगी
इंतजारियों के बीच कटता समय
बिकने की प्रतीक्षा करते लोग
प्रार्थनाओं से परेशान भगवान
चिट्ठियों में कैद रिश्ते
संसार है यह
यहां धूल है
सड़कें हैं
बेजान दीवारें हैं
धूप पसीना और थकावट है
कभी न समाप्त होने वाले दुख हैं
कभी न मिलने वाले सुख हैं
यहां जीवन की आशायें हैं
यहां मृत्यु की निराशायें हैं
संसार है यह
यहां सब कुछ है

# १९ कवितायें जो

कवितायें जो अधूरी रह जाती हैं
हट जाती हैं मेरी डायरी से
बावजूद इसके कि
मुकाम तक नहीं पहुंची
बहुत सारी मुलाकातें
जिन्दगी की
परिभाषा बन जाती हैं
न मन का कोई कोना खाली
न कोई शिकायत बाकी
भूलने की
कोई गुंजाईश नहीं
याद रखने की
कोई कोशिश नहीं
वही ताश के पुराने पत्ते
वही सपनों के महल
सोच के तीरों का तरकश
शंका की कांपती पत्तियां
भ्रम का घना कोहरा
वक्त का दौड़ता शिकार
संघर्ष की पथरीली राह
उम्मीद का थका घोड़ा
सांसों की कदमताल
हादसों का सिलसिला
जोड़ता हूँ तो जुड़ नहीं पाता
किसी अधूरे सपने का किनारा

# २० हर पन्नें पर

हर पन्नें पर वही शब्द
हर दिन के कंधे पर वहीं बोझ
कहानी है आगे बढती है
जिन्दगी है रुकती नहीं
बहुत  पहले तो नहीं
मगर हादसों के आगे
आहट रहती है
ठहरती नहीं कोई शै
वक्त की रफ्तार में बहती है
बढते हैं तो खड़ा हो जाता है
हालात का बुत
छोड़ते हैं तो छूटता नहीं
वक्त का छोड़ा टुकड़ा
पत्थर है
उड़ता नहीं ठोकर लेकर
तिनका है, कभी ठहरता नहीं
उम्मीद , रात का एक साया
दिखता तो है मगर मिलता नहीं

# २१ यों ही

यों ही
कभी खुबशू से
हवा पर लिख दिया
कभी नजर ने
किसी गुलाब से कह दिया
वक्त का कतरा कोई
दिल में कहीं उतर गया
पलटता हूँ तो
इतिहास की तरह
साफ नजर आती हैं
अहसासों की करवटें
पूछता हूँ
तो सामने खड़ा हो जाता है
फिर वहीं हालात का बुत
पहुंच जाती
तो आवाज ही काफी थी
मगर गहरी बहुत थी
इंतजार की खाई

# २२ कहीं एक नदी

कहीं एक नदी रहती थी
पहाड़ों के बीच
बहती थी चुपचाप
बहने को ही जीवन मान बैठी थी
वहीं कहीं पहाड़ों के बीच
एक झील रहती थी
वो रात दिन देखा करती
नीले आकाश को
दिन में चमकता सूरज
छुप जाता था उसमें
और रात में तारे
घर बनाते थे उसके अन्दर
नदी जानती थी
पानी किसीका अपना नहीं होता
वो उसे विदा करती
संगीत के साथ
पहाड़ खामोश रातों में
उसका संगीत सुनते
झील जानती थी कि
चुप वो भी नहीं रहती
लहरें उठतीं हैं उसमें
जब चांद उतरता है उसके अन्दर
पहाड़ों के साथ
नदी रुकेंगी तो प्रलय आ जायेगा
ये बात जानती थी झील
इसलिये वो कभी
उसे रुकने के लिये नहीं कहती थी
कहीं एक नदी रहती थी

# २३ जब कुछ भी नहीं

जब
कुछ भी नहीं किया जा सकता हो
और कुछ भी हो सकता हो
वक्त के ऐसे टुकड़े पर बैठकर
फिर भी लिखी जा सकती है
एक कविता

जब
रास्ता लम्बा हो
और धूप तेज
शहर नया हो
और लोग अजनबी
सफर के किसी मुकाम पर रुककर
फिर भी लिखी जा सकती है
एक कविता

जब
रात गहरी हो
और खौफ पुराना
कश्ती कमजोर हो
और तूफान साथ
दूर जाती किसी लहर के नाम
फिर भी लिखी जा सकती है
एक कविता

# २४ आसमान तुम बड़े हो

आसमान तुम बड़े हो
फिर भी अपने लगते हो
चींटी तुम छोटी हो
फिर भी समझदार हो

परछाई तुम बोलती नहीं
फिर भी हमेशा पास रहती हो
सड़क तुम भटकती हो
फिर भी घर पहुंच जाती हो

सागर तुम सम्पूर्ण हो
फिर भी सबको अपनाते हो
बादल तुम आवारा हो
फिर भी बरसते हो

वक्त तुम रात दिन दौड़ते हो
फिर भी थकते नहीं
मौत तुम  व्यस्त रहती हो
फिर भी किसी को भूलती नहीं

# २५ इस अंधेरे का

इस अंधेरे का
कोई किनारा नहीं है
कभी -कभार
कोई शहर आ जाता है
और अँधेरा विखरने लगता है
कभी दूर से आती
कोई उजाले की किरण
चली आती है
इसके दामन में
और अँधरा
विचलित होने लगता है
मैं आवाज से
अनुमान लगा देता हूँ
कि ये कोई नदी है
तूफान है या
खौफ का कोई नया चेहरा
अंधेरा कुछ नहीं बोलता
दिन निकलता है
तो अंधेरा उतर आता है
मेरे अंदर
रात होती है
तो मैं इसकी छाँव
पकड़ लेता हूँ
साथ पता नहीं
कौन किसका निभाता है

# २६ सही पता भगवान का

सही पता भगवान का
उस पुरानी किताब में
हो सकता था
जो बेच दी थी मैंने
कबाड़ी को

चमचमाती किताबों में
लिखे थे नुस्खे
जीवन को सुखी बनाने के
हिसाब कुछ
गड़बड़ चल रहा था

सब कुछ दो हिस्सों में
बंट गया था
एक भगवान का और एक मेरा

समझ से परे सारी चीजें
भगवान के हिस्से में थी
और समझ आ गयी चीजें
मेरे हिस्से में

वक्त के साथ भगवान की
आवश्यक्ता घट गयी
और एक दिन मेरे कमरे से
भगवान जी की फोटो हट गयी

# २७ उस रात जब

उस रात जब
ऑस चुप थी
और चाँदनी थकी

उस रात
जब जीवन
एक नया
अर्थ ढूँढ रहा था.

उस रात
जब हवा में किसी
गुमनाम फूलों की
खुशबू घुली थी

उस रात
जब जबाब सो चुके थे
और सवाल जाग रहे थे

उस रात
जब कहने को
कुछ भी नहीं था
और हम सुन रहे थे

उस रात
जब रात नहीं थी
और हम
इँतजार कर रहे थे
दिन निकलने का

# २८ बातें कुछ कही

बातें कुछ कही
कुछ अनकही सी.
मुलाकातें कुछ हुई
कुछ अनहुई सी
किताबें कुछ पढ़ी
कुछ अनपढ़ी सी
चीजें जब आखिरी बार होती हैं
तो लगता नहीं है
मगर जब कुछ
दुहराया नहीं जाता
तो लगता है
वो आखिरी बार था
दो आइनों के बीच खड़ा
सोचता रहा कौन हूँ मैं
शामिल तो कई कहानियों में हूँ
मगर कौन सी कहानी है
मेरी अपनी
रातें कुछ हुई
कुछ अनहुई सी
दिन कुछ ढले
कुछ अनढले से
कदम कुछ चले
कुछ अनचले से
लोग कुछ मिले
कुछ अनमिले से

# २९ उजाले का पर्दा

आँखों पर पड़ा
उजाले का पर्दा
देर शाम खुलता है
बहुत  ठंडी और लम्बी
उदास रातों के आंगन में
खूबसूरत और भावपूर्ण
निश्चल और उन्मुक्त चेहरे
तारे बनकर
टिमटिमाने लगते हैं
शायद इसलिये कि अभी
जीवन जीने लायक है
कभी जब दस्तकें
नजरों को
दरवाजे तक
ले जाती हैं
या कभी जब
सड़क के किनारे
चलते हुये रुककरे पीछे
देखने लगता हूँ
तो अहसास होता है कि
अब भी उम्मीद बाकी है

# ३० बिना वजह के

बिना वजह के
कविता लिखना मुश्किल है
अगर कोई वजह है भी तो
इतनी पराई कि
उससे एकान्त में बैठकर
दो बातें करना
बेवजह लगता है
बात ऐसी नहीं है कि
अब वजह की तलाश नहीं है
लेकिन अब तलाश है
तो सिर्फ वहाँ
जहां मैं नहीं हूँ
मेरा नाम है
मेरा सन्दर्भ है
लेकिन मेरी प्रतिक्रियायें नहीं

# ३१ देखता रहा मैं

देखता रहा मैं
पलों को पराया होते
निर्विकार भाव से
चलता रहा
रास्ते मुड़े , बंटे
लेकिन सफर जारी रहा
कभी दूर से
कभी नजदीक से
लेकिन जब भी
दुनियां को देखा
गौर से देखा
कोई दावा नहीं
कोई शिकायत नहीं
ये भी मंजूर वो भी मंजूर
न अच्छा न बुरा
कुछ तुम्हारा कुछ हमारा
जब भी पाया
बंटा हुआ पाया
लकीरों को
दरारें बनते देखा
पास को
दूर जाते देखा
बनते देखा
निशानों को पावों के
गुजरते रास्तों पर
उड़ती धूल से पहले

# ३२ तुम्हारे और मेरे बीच

तुम्हारे और मेरे बीच
अचानक उभर आयी थी
एक पगडंडी
और फासला
किनारे खड़ा हो गया था
मैं आँखों में
गुलाब लेकर
चलता रहा रेत पर
और तुम छांव
बनकर
पीछे हटते रहे
जब मैं प्यास की
दास्तान लिख रहा था
तुम दूर कहीं
पानी का गीत
सुना रहे थे

# ३३ हर नींद के

हर नींद के
अपने सपने होते हैं
जैसे कि
हर मौसम के
अपने रंग
रंग अक्सर
तितलियों के पंखों से
उतरते हैं
और सपने
थकी शाम के कंधों से
जब कई दफे
लकीरें
चेहरा नहीं बना पाती हैं
तो लगता है
कोई सुर
खो गया है
एक बार
किसीने यूँ ही
पूछ लिया था
जीवन के बारे में
मुझे खयाल आ गया
उस किताब का
जिसे वक्त से पहले
पढ़ना मुमकिन नहीं

# ३४ इससे पहले

इससे पहले कि
शब्द अपना
अर्थ बदल दें
मैं दफन करना चाहता हूँ
उन्हें इस खामोशी  में
एक ऐसी धूप
जो चेहरों को
अपरचित कर दे
और एक ऐसी रात
जो सायों को
पनाह दे
के लिये मेरे पास
सिर्फ एक सवाल है
अपवे बजूद का
जो भटकता रहता है
कुछ तलाशता हुआ
एक दौड़ती भीड़ में

# ३५ उसके बाद

उसके बाद
जब नहीं था कुछ
तब भी मैं था
जब नहीं रहेगा कुछ
तब भी मैं रहूंगा
एक खाली आसमान लेकर
भटकता हुआ
हजार बार
मुड़कर देखा
सदियों के पार
जाकर देखा
नजर की नोक पर
हर बार वही चेहरा
तुमने पूछ लिया होता
तो शायद
मैंने कह लिया होता
खाली मन लेकर
लेकिन मैं
आज भी नहीं होता

# ३६ उस प्रेम के लिए

उस प्रेम के लिये
जिसे तुमने
सीने से लगाया
और हवाओं को दिये
सहस्र चुम्बन
उस स्वप्न के लिये
जो हजार रातें
पारकर तुमने पाया
और
दर्द को किया दफन
अमरता तो नहीं
अपनी नश्वरता
के साथ
चंद लाइनों में
एक खोते जीवन के लिये

# ३७ इस सन्नाटे में

इस सन्नाटे में
अचानक उगने लगते हैं
अजीब -अजीब सी
आवाजों के पेड़
घृणा तिरस्कार और
नफरत की
कँटीली झाड़ियों के साथ
प्रेम की बेलें
लिपटती हैं
रात-दिन
उस दिन किसी
चिड़िया ने
पेड़ को अंधेरे से
बातें करते देख लिया था
फिर क्या
दूसरे दिन
हवा ने ये बात
सारे फूलों को बता दी
उस अच्छे मौसम में
ऐसी मासूम सी बातें
जिनपर सिर्फ बच्चे
यकीन कर सकते थे
कवितायेँ बनती गयी

# ३८ वो सब कुछ

वो सब कुछ
एक हादसे के अन्दर था
फिर भी दुनिया
बदली लग रही थी
सब कुछ सही सलामत था
शहर में
बस कुछ सड़के खो गयी  थी
न नजरें टकरायी
न पांव ठिठके
न दरवाजे को दस्तक मिली
बस लगा मुलाकात हो गयी
तारीख के नाम
दर्ज हो गया वाकया
उम्मीद के पाँव लौट आये
अंधेरे अन्दर बाहर के
मिल गये
बस एक शाम
पीछे रह गयी

# ३९ इतना खुला

इतना खुला
कि आसमान
तक दिखायी न दे
इतना विस्तृत
कि अस्तित्व ही न रहे
दर्द के पिघलते
कोलतार की सड़क
कहीं तो
पहुँचती होगी
सोचता तो मैं भी हूँ
सुख के तिनकों
के बारे में
प्रेम के महके गुलाबों
के बारे में
बाहें खोलकर खड़े
अपनों के बारे में
लेकिन हर बार
सोच बहुत आगे
निकल जाती है

# ४० एक कठोर आवरण

एक कठोर
आवरण के साथ
कर तो दिया है
अपना अस्तित्व
लहरों के नाम
लेकिन कौन सा तट
आखिरी होगा
इसका पता नहीं
भंवर खींचते हैं
तूफान सिर पर रहता है
दुश्मन दौड़ते हैं
बिजली की तरह
और भविष्य
लहरों के हाथ
रहता है
जीवन
वो तो आवरण
के अन्दर भी रुकता नहीं
अस्तित्व तो नहीं मगर
एक निष्प्राण  कवच
साक्षी रहता है
सागर के किसी तट पर
कभी शँख
और कभी
सीपी बनकर

# ४१ जिंदगी दस्तकों के  बाहर

जिंदगी दस्तकों के बाहर
निकली तो
खुद को दौड़ते पाया
सड़कों पर
भ्रम
वो तो कभी था ही नहीं
जो कुछ था
विलकुल पारदर्शी
झील की तरह
गले मिले
तो राहें उलझ गयी
किसी दिन
आयी थी
एक राह
मेरे घर के सामने
छितिज तक जाती
अदृश्य
पर मैं
उसपर चलता रहा
और लड़ता रहा
हर सवाल से
जो रास्ते में
मिलता गया

# ४२ तुमने कुछ कहा

तुमने कुछ कहा और मुझे लगा
कोई फूल खिल गया
खूबसूरत तो है दुनिया
तुम्हारी आंखों में
लेकिन अच्छा लगता है
इस फूल का खिलना
एक़ बार की बात है
मैं खाली आसमान
सिरहाने रखकर सो गया था
यह सोचकर कि आज मैं
अपनी पसंद के
सितारे सजाऊँगा इसपर
मैं चाँद  को क्षितिज के
विलकुल पास रखूँगा
और बाकी जगह सितारे
मैं रात के गहरा होने का
इंतजार करूंगा
और फिर खो जाऊँगा उसमें
मुझे याद है कि
कितना असहाय
हो गया था मैं
जब आसमान के
हर कतरे को बादल निगल गये थे
तब से मैं सिर्फ बादल के
टुकड़े लेकर सोता हूँ
और देखता हूँ
उन्हें आसमान पर
स्वछंद उड़ते

# ४३ ये मेरी कहानी है

ये मेरी कहानी है
मैं इस कहानी में रहता हूँ
ये वो कहानी है जो कभी
सुनाई  नहीं गयी
जरूर जिक्र हुआ है इसका
किसी और की कहानी में
मैं इस कहानी को
रात दिन बुनता हूँ
किसी चिड़िया के
घोंसले की तरह
कभी - कभी मेरी कहानी
मकड़ी के जाले की तरह
लगने लगती है जब मैं इसमें
उलझता हूँ
ये मेरी कहानी है
मैं इस कहानी में रहता हूँ
ये कहानी रुकती नहीं
बहती रहती है
और मैं इसमें
किनारे ढूंढता हूँ
जब मैं थक जाता हूँ
मैं भी बहने लगता हूँ
ये मेरी कहानी  है
मैं इस कहानी में रहता हूँ

# ४४ चुराई गई धूप

चुराई  गई धूप में
दिन थे ही कितने दो -चार
लेकिन तुम्हारी गुनगुनी हँसी
क्या पर्याप्त नहीं थी
पिघलाने के लिये
मैं नहीं जानता
कि जीवन के बारे में
मेरा दृष्टिकोण कबसे
बदलने लगा था
हो सकता है ये तब से हो
जब पहली बार मिला था मुझे
एक साक्षात मनुष्य
हाड मांस का
किसीका पिता नहीं
किसीका पुत्र नहीं
किसीका भाई नहीं
किसीका कुछ  नहीं
उसके लिये सम्बंध अपर्याप्त  थे
वो मरता था
सिर्फ जीने के लिये
और जीता था सिर्फ
मरने के लिये
लेकिन तुम्हें
इसकी चिन्ता
नहीं करनी चाहिये थी
क्योंकि वो मेहमान था
सिर्फ चार दिन का

# ४५ ऐसा कुछ हो

ऐसा कोई शब्द हो
ऐसी कोई पंक्ति हो
जो समा ले अपने में
बदहवास रातों की करवटें

ऐसी कोई जगह हो
जहां हम रख दे
इतनें दिनों की जिन्दगी
बिना किसीको पता चले

ऐसा कोई समय हो.
जहाँ से शुरू हो सके
एक नया जीवन
और बिन मिटे बने कुछ

ऐसा कोई चेहरा हो
सदियों पुराना और अपना
और हम पूछ सकें उससे
खो गये रास्तों का इतिहास
ऐसा हो कुछ हो
जिसके बाद
होने न होने का
फासला खतम हो जाये

# ४६ करीब तो कभी

करीब तो कभी थे ही नहीं
दूर  भी क्या होते
सोचते बहुत  हैं हम भी
कभी फुर्सत के लम्हों में
सिलसिला न जाने
कहाँ से शुरू होता है
और लगने लगता है
हाथ बढाकर छू लेंगे
आइने तब से कई बदले
नये चेहरे की तलाश में
लेकिन हर बार वही चेहरा
एक नई लकीर लेकर आ गया
तुमने कहा था
मौसम रंग लेकर आते हैं
लेकिन आज हम
मौसम लेकर रंग  ढूंढते हैं

# ४७ वही पुराने शब्द

वही पुराने शब्द
लेकिन अर्थ बिल्कुल   नये
कई दफे  सोचता हूँ
कि किसी भी चीज का
मतलब क्या है
होने का मतलब क्या है
नहीं होने का मतलब क्या है
कल आसमान पर बादल थे
आज तुम्हारी आंखों में आँसू
मैं आज थका हुआ हूँ
और कल वक्त रुका हुआ
मैं खाली कागज लेकर
रात दिन सोचता हूं
और तुम गाते हो तो
शब्दों को
अर्थ मिलने लगते हैं

# ४८ तारीखें लौट आयी

तारीखें लौट आयी
मौसम भी
आते जाते रहे
लोग मिले  बिछड़े
आज कल हो गया
कल आज हो गया
सपनों के पंख
लगे - गिरे
एक सुनहरी सुबह
को विदा किया था
नये जीवन ली तलाश में
दिनभर तपती रही
वक्त की धूप  में
अब धुंधलके में
एक बूढ़ी थकी शाम
बैठी है
दिनभर का इतिहास लेकर

# ४९ मैं बिलकुल वैसा नहीं हूँ

मैं बिलकुल वैसा नहीं हूँ
जैसा तुम सोचते हो
मेरे होने में
और तुम्हारे सोचने में
कभी न मिटने वाले
फासले हैं
मैं उस दौर से
गुजरा हूँ
जहाँ हर दिन के नाम
हादसे दर्ज हैं
तुम्हारे सफर में भी
भटकाव रहें होगें
सोच के किनारे पर खड़ा
अगर मैं  तुम्हें देखूं
तो तुम सपना लगोगे
तुम भी वक्त के पार देखो
मैं  किसी कहानी में
पहुँच जाऊँगा

# ५० हम कीमत

हम कीमत
नहीं लगा पाते हैं
और हमारे पास पड़ी
चीजें खराब होती रहती हैं
बावजूद इसके कि
दुनिया के बाजार में
खरीददारी रुकती नहीं
धरती का मोह
उड़ने से रोकता है
पुराने चेहरों की भीड़ में
कोई नया चेहरा टिकता नहीं
बस एक कशमकश में
जिन्दगी निकल जाती है

# ५१ झील का धैर्य

झील का धैर्य था यह
कि वह चुपचाप सहती रहे
हवाओं के थपेड़े
सर्दियों कि रातों में

झील का सौन्दर्य था यह
कि चाँद खुद आकर
लिपट जाता था आँचल में
अपने सितारों के साथ

झील का भ्रम  था यह
जो चकनाचूर हो जाता था
किनारों से टकराकर
लौटाकर अगला भ्रम

झील की खुशी थी यह
जो बुलबुलों से उठती
और उसी में समा जाती
बिना प्रतीक्षा किये

झील का प्रेम था यह
कि उसमें टप टप कर
गिरती रहती पत्तियां
और उसीकी हो जाती

# ५२ शब्दों में घर

शब्दों में घर
करते हैं संसार
जब जीवन
आता है कभी
सपनों से बाहर
लेकिन फिर
देखकर
चेतना पर पहरे
सब कुछ
खोने लगता है.
बेकाबू सपनें
और लम्बी नींद
कभी - कभी
लगता है
कोई झकझोरेगा
और
ये नींद टूट जायेगी

# ५३ तिनकों पर

खुद को रखा है
तिनकों पर
उड़ने के लिए
पैगाम भेजा है
हवाओं के हाथ
दोस्ती का
अलविदा कहूं किसे
चेहरे पहचाने हैं
लेकिन लोग
बदल चुकें हैं
एक चिट्ठी
लिखी है तुम्हारे नाम
पढना चाहो तो
हर पन्नें पर
अक्स उभर आयेगा
किताब कोई
जो तुम खोलो

# ५४ कविता पूरी लिखूंगा

कविता पूरी लिखूँगा
फिर ये संकल्प दुहराता हूँ
लेकिन
इतना आसान भी कहाँ होता है
बिखरी चीजें समेटना
अगर होता भी तो
कहां रख लेता
इतने अपने पलों को
इतनी नाजुक स्मृतियों को
इतने स्नेहिल अहसासों को
कितनी देर रह सकती थी
उस प्रेम की छाँव
हकीकत की धूप में

# ५५ अपनी अपूर्णता में ही

अपनी अपूर्णता में ही
किसी दिन
मिल तो जायेगा मुझे भी
सुख का खोया किनारा
हो तो सकता है
इस अंधेरे में ही मिल जाये
एक खोया हुआ
सपना
कच्ची मिट्टी से अहसास
कभी कभी
वक्त से पहले ही
सूखने लगते हैं
कभी एक परकटे पक्षी सा
खयाल मन के कोनों
से टकराता है
और कभी एक तीर सा सवाल
दूर  कहीं से आता है
पता नहीं
गीत कहाँ  खो जाता है
बस कुछ शब्द
मचलते रहते है
ओंठों पर

# ५६ मैं तब तब टूटा हूँ

मैं तब -तब टूटा हूँ
जब -जब मुझको
जोड़ने की कोशिश की गयी
और मेरा
कतरा-कतरा एक हुआ है
जब - जब मुझको
तोड़ने की कोशिश की गयी

# ५७ एक स्वर्ग

एक स्वर्ग
बुनने की कोशिश
तार-तार आशाओं को
जोड़ती है
और हम कैद हो जाते हैं
एक झिलमिलाते संसार में

मौसम प्रेम की बारिशों का
गहरे हरे टुकड़े पर
कुछ लिखने लगता है
और हम
उत्सुकता से
देखते रहते हैं

एक नदी का प्रतिकार
निरूपाय चट्टानों से
सिर टकराता है
और मैदानों को
उर्वरा मिट्टी मिल जाती है

एक सिलसिला
अन्तहीन यादों का
आकार लेने लगता है
और कुछ बूंदे
पलकों की
नदी बनकर रह जाती हैं

# ५८ आज और कल

आज और कल के बीच
जितनी चीजें हैं उनमें भी नहीं
मेरे और  तुम्हारे बीच
जितने रास्ते हूं उनमें भी नहीं
बन्द मुट्ठी की
लकीरों के साम्राज्य में कैद है
आशाओं की थोड़ी धूल
जिसे कोई प्रतीक्षा
उड़ने नहीं देती
मिट्टी की उम्र से भी
पुराना मेरा प्रेम
आज भी उदार है
खुशियों के लिये
सागर तक को
पी ज़ाने वाली प्यास
और हवा तक को
थका देने वाली सांस
आज भी जिन्दा है
ठंडी और उष्ण
रातों के बीच
कुछ ढूंढने का
प्रयास करती
जीवन को
दो पल मानने वाली
नजरों की चादर
आज भी बिछी है

# ५९ तारे उग आते हैं

तारे उग आते हैं
कागजों पर
और तुम
आसमान पकड़ लेते हो
हर्फ हाशिये
चमकने लगते हैं
हर पन्नां
साँस लेने लगता है.
एक कलम अहसास की
कागज पर
जिन्दगी के
मचलती है देर तक

# ६० शब्द जहाँ से भी गुजरे

शब्द जहाँ से भी गुजरे
अर्थ पकड़ते गए
शब्द उछाले गए
शब्द विछाये गए
शब्दों के ताले बनाये गए
शब्दों की चाबियाँ बनायीं गयी
शब्दों की  तलवारें बनायीं गयी
शब्दों के ढाल बनाये गए
शब्द प्रेम पत्रों में सोते रहे
शब्द कहानियों में रोते रहे
शब्द खाईयां बनाते रहे
शब्द पुल  बनाते रहे
शब्द लड़ते रहे
शब्द गले लगते रहे
शब्द बदलते रहे
शब्द चलते रहे
शब्दों की   फसलें उगाई गई
शब्दों के बाग लगाए गए
शब्दों के महल बनाये गए
शब्दों के शहर बसाये गए
शब्दों के ताबूत बनाये गये
शब्दों की कब्रें खोदी गई
शब्दों की लाशें बिछाई गई
शब्दों के श्मशान बनाये गए
शब्द ओढ़े गए
शब्द विछाये  गए
शब्दों की पट्टियाँ बनाइ गयी
शब्दों के मरहम लगाए गए
शब्दों को खून में घोला गया
शब्दों को सांसों में मिलाया गया
शब्द जीते रहे
शब्द मरते रहे

# ६१ पहचान निकल चुकी है

पहचान  निकल चुकी है
सीमाओं से बाहर
देश और काल की

जब हम सो रहे होते हैं
हमारी पहचान जागती रहती है
शोशल मीडिया के पन्नों में
देखती रहती है
बोलती रहती है

मेरे फेसबुक पेज पर
कई आग्रह हैं प्रतीक्षा में
मैंने देर कर दी स्वीकारने  में
और वो जा   चुके हैं दुनिया से

हम सब नॉड्स बन चुके हैं
एक बड़े नेटवर्क के
हम जुड़े हैं किसी तरह
लेकिन कब के अलग हो चुके हैं

हर दिन पहचान बदल रही है
लोग बदले या न बदले
दुनिया के अंदर एक और दुनिया
और हम बस बढ़ रहे हैं

# ६२ घुघूती

कुछ कहानियां
पहाड़ों में ही उगती हैं
और पहाड़ों में रह जाती हैं
पहाड़ों की तरह

घुघूती[1] का गीत सुनने के लिए
एक पसरी हुई उदासी चाहिए
घुघूती सो गयी थी थककर
प्रतिक्षा करते करते

घुघूती के प्रेमी ने पहुंचकर
जब देखा घुघूती को सोते
वो गले में एक माला डालकर
चला गया परदेश

घुघूती अगले जनम में
बन गयी थी एक चिड़िया
सुन्दर सी
गले में सुन्दर हार वाली

वो गाती है विरह का गीत
जब फ्यूंली, बुरांश
और पन्या के फूलो से
सज जाते हैं पहाड़

---

[1] **पहाड़ में पाया जाने वाला एक पक्षी जिसके गले में माला होती है**

# ६३ लम्बी रात

वो एक लम्बी रात थी
रस्सी की तरह
कभी उलझ गयी
कभी बन गयी
जाल मछलियों का
जिसमें तड़पते रहे स्वप्न
दम तोड़ते रहे

वो एक लम्बी रात थी
आज और कल के कंधो पर
मैं झूलता रहा
और बहती रही
वक्त की नदी
मेरे पैरों के नीचे से

वो एक लम्बी रात थी
जो रख दी थी मैंने
सिरहाने अपने
डायरी के
पन्नों के बीच
शब्दों के पहरे में

वो एक लम्बी रात थी
बहुत दूर से आयी थी
मैं उसको पहचान नहीं पाया
चुपचाप चलता गया
वो मुझे खींचती गयी
उजालों के शहर में

वो एक लम्बी रात थी
जो नींद कहीं खो आयी थी
सपनों के साथ
गीली और ठंडी
ठिठुरती रही
धूप की प्रतीक्षा में

# ६४ कहीं कुछ

थी नहीं कोई जगह  ऐसी
जहाँ रख सखता
कांच का सामान
और वह टूटे नहीं

मिले नहीं ऐसे लोग
जो सुन सके
किस्से
जो उनके अपने न हों

कौन यहाँ किस को क्या देगा
जहाँ किसीके पास
अ़पना कुछ भी नहीं

ये अजीब अदालत है
यहाँ हर कोई फैसले
घर से लेकर आता हैं
और नुमाइश ताकत की  होती है

जब कही किसी को
समझाने की कोशिस की
लगा पत्तों को रंग रहा हूँ
बहुत कुछ भूलकर

लोग पौधों की तरह होते हैं
रेगिस्तान  में पनपने वाले अलग
और बरसात में पनपने वाले अलग
गरीबी में पलने वाले अलग
और अमीरी में पलने वाले अलग

# ६५ बहुत पहले वक्त के

बहुत पहले वक्त के
शुरू होने के बाद
कुछ लोगों ने
लिखनी शुरू की
होंगी कहानियां

बस घास फूस की
झोपड़ियों की तरह
कुछ खास नहीं रहा होगा
उन कहानियों में

जो कुछ भी रहा होगा
लगभग सब नकली
अगर कुछ असली रहा होगा
तो कल्पनाएं रहीं होंगी

आसमान पर
दौड़ते घोड़ों की
सूरज को निगलने वाले
भगवानों की

बस उन
कहानियों को पाला-पोसा गया
कहानियां जिन्दा होने लगी
कहानियां कैद करने लगी
लोगों को

मन मस्तिष्क कैद होने लगे
कहानियां लड़ने लगी
लोग हारने लगे
लोग मरने लगे

कहानियां जीतने लगी
बस्तियां बसाने लगी
लोग बेघर हो गए

# ६६ युद्ध उत्सव

एक उत्सव
जो हज़ारों साल पहले
शुरू हुआ था
आज भी जारी है

ये उत्सव बस
इंसानों का होता है
जानवर लड़ते हैं
बस जरुरत के लिए

इंसान लालच के
घोड़ों पर सवार
कब निकल पड़े
पता नहीं लगता

सब जानते हैं
युद्ध शुरू होते हैं
युद्ध खत्म नहीं होते
जीतने वाला भी हारता ही है

युद्ध के बीज बोये जाते हैं
अंधेरे काले समय में
और लहलहाने लगाती हैं
दुःख की फसलें

कभी कभी लड़े जाते हैं
युद्ध उसके लिए भी जो है नहीं है
भगवान
तुम्हारे अलग हमारे अलग
धर्म की लाठी
जो सहारे के लिए उठायी थी
अब बस एक बोझ है

# ६७ प्रेम गीत है ये

कविता नहीं प्रेम गीत है ये
तुम चाहो तो गा सकते हो
फूल उग आयंगे नज़रों में
और सांसों में खुशबू

कविता नहीं प्रेम गीत है ये
तुम एक झरना बना सकते हो इससे
भीगने के लिए बिना बारिश के
जीवन की तपती धूप में भी

कविता नहीं प्रेम गीत है ये
इसमें लय है इसमें छंद है
इसे किसीने लिखा नहीं
बुना है घोंसले की तरह

कविता नहीं प्रेम गीत है ये
तुम इसको रखकर सिरहाने
सो सकते हो मीठी नींद
तब भी जब सपनों से डर लगे

कविता नहीं प्रेम गीत है ये
ये ओंठों पर रहता है
ये बहता है
ये दिलों में खिलता है

## ६८ शब्दों का जंगल

ये शब्दों का जंगल है
यहाँ उगती हैं
शब्दों की जड़ी बूटियां
और शब्दों के विष बृक्ष

पत्थरों जैसे
लहूलुहान करने वाले शब्द
मिल जायेंगे तुम्हे
बड़ी आसानी से लोगों से

फूल से नाजुक शब्द
भी उगते हैं यहाँ
लेकिन उन्हें ढूंढता पड़ता है
वो आसानी से नहीं मिलते

# ६९ पुराने रास्ते

तुम जा रहे हो
कुछ पुराने रास्ते
साथ लेकर जाओ
कभी मन करे
तो लौट सकते हो
वैसे शायद पुराना
यहाँ कुछ न मिले
सिवाय यादों के
ये शहर बदल रहा है
नए लोग आ रहे हैं
पुरानी दुकाने
टूट रही हैं
तुम नयी जगह
जा रहे हो
नए रास्तों की
जरुरत पड़ेगी
नई मंजिलों
तक पहुंचने में
यादें बोझ लगें
तो छोड़ देना
ये दुनिया है
यहाँ कुछ जीजें
बदलती नहीं है
चुप्पी में बहुत कुछ
रहता है
तुम किसी से उम्मीद
मत करना
बोलकर चीजे
बदलती नहीं
बस कुछ और
बदल जाता है
चलोगे नहीं तो
रुकने का पता
नहीं चलेगा
रुकोगे तो
कुछ थमेगा नहीं

# ७० रिश्ते सूख जाते हैं

रिश्ते सूख जाते हैं  वक्त की धूप में
अहसास उलझने लगते हैं  धागों की तरह
सुलझाने के लिए वक्त नहीं होता
कुछ टुकड़े काट के फेंकने  पड़ते हैं

दिलों में हमेशा रहती है जगह
बस कुछ अहसाह कांच बन जाते हैं
हम जोड़ने की कोशिश करते हैं बाहर
और  अंदर बहुत कुछ टूट रहा होता है

बहुत कुछ न तो माँगा जाता है
और न ही किसी को दिया जाता है
बस मिल जाता है कभी कभी
कोशिश किये बिना भी

# ७१ मेरे ईश्वर

मेरे ईश्वर
मैंने कभी तेरी
पूजा नहीं की
तेरे मंदिर में
अपनी आस्था की
नुमाइश नहीं की
मेरे ईश्वर
मैंने कभी अपनी
सांसारिक आवश्यकताओं
की पूर्ति के लिए
कोई प्रार्थना नहीं की
मेरे ईश्वर
मैं इस सब ले लिए
न तो पश्चाताप करूँगा
और न ही शोक
मेरे ईश्वर
मैं कृतज्ञं हूँ
तुमने मुझे प्रकाश दिया
मुझे भटकने नहीं दिया
मेरे ईश्वर
मैं भूलूंगा नहीं तुमने
रखने के लिए
मुझे लालसाओं से दूर

# ७२ ये पक्षी

ये पक्षी आते रहे हैं
आँगन में तबसे
जब इन्हें लेकर
मेरी कल्पनाएं
उड़ाती थी
बचपन के आसमान में
ये पक्षी  आज भी आये हैं
दाना चुगने के लिए
जबकि मेरी इच्छाएं
प्रेम की छांव तलाश रही हैं
जीवन की दुपहरी में
ये पक्षी कल भी आएंगे
पुराने  पंखों को  झाड़ने के लिए
जबकि मैं थकी आँखों से
दृश्यों के बदलने की
प्रतीक्षा कर रहा हूँगा

# ७३ मैं नहीं चाहता लिखूं

मैं नहीं चाहता  लिखूं
एक खूबसूरत शाम के लिए
एक उदास कविता
मैं नहीं चाहता, घिरुं
सवालों से और
हर जबाब ठहर जाये
मैं नहीं चाहता  खींचू
रेखाएं और
उन्हें मिटता देखूं
मैं चाहता हूँ उतरना
उस कहानी में
जिसमें मिल सकूँ तुमसे

# ७४ जो लोग धूप में

जो लोग  धूप में
चलना
सीख लेते हैं
अंधेरों में  जलना
सीख लेते हैं
ठोकरों के बीच संभलना
सीख लेते हैं

जो लोग
हर रोज नहीं मरते हैं
मुश्किलों से
नहीं डरते हैं
आखिरकार
जीत जाते हैं
लड़ाई

हमारी
अपनी अपनी लड़ाई हैं
और अपने - अपने मैदान
हम लड़ाई के बीज हैं
जो उगते हैं
लहूलुहान
होने के बाद

# ७५ शब्द बहुत थे

शब्द बहुत थे
लेकिन अर्थों ने घेर दिया
इतने भरी की
की खुद का बजूद हलका लगे
आखिर कोई
चुप भी रहे तो कितनी देर तक
मैं जानता हूँ
कि समुन्दर में हूँ
फिर भी खुद को
बार बार यकीं दिलाता हूँ
की घर में हूँ
दूर जाना हैं मुझे
तूफान के आने तक
आखिर रुकूँ भी तो कहाँ
बोलूं भी तो कौन सा शब्द
सुनूं तो कौन सी आवाज
समझूं तो कौन सा अर्थ

# ७६ अपरिचय और परिचय

अपरिचय और परिचय  बीच
जितने दिन थे,  अच्छे थे
क्योकि तब हम
सिर्फ चहरे थे
आज हम संसार हैं
कभी न पढ़े जाने  वाले
कभी न समझे जाने वाले
दिन और रात के बीच
जितने पल थे , अच्छे थे
क्योंकि उनके साथ
दिन की उष्णता नहीं थी
रात की भयावहता नहीं थी
प्रेम और घृणा के बीच
जो भावनाएं थी,  अच्छी थी
क्योंकि उनके साथ
आसक्ति और विरक्ति नहीं थी
अच्छे थे, वो सवाल
जो हमारे बीच नहीं थे
क्योंकि उनके जबाब
हमारे जीवन थे

# ७७ जिस घर में

जिस घर में दीवारें नहीं होती
वह घर छत के नीचे नहीं होता
और नहीं बचा सकता
गर्मी, सर्दी और बारिश से
सच तो यह है कि
बिना दीवारों और दरवाजों के
घर नहीं हो सकता
बिना घर के आदमी को
चलते रहना पड़ता है
घर पहुँचने तक
तुमने एक छत के लिए
चार दीवारें बनायी
पूछो स्वयं से
कितना न्याय कर पाए तुम
अपने घर वालों के साथ
जो दरवाजों पर
कान लगाकर
सुनते रहते हैं दस्तकें

# ७८ ये आदमी

ये आदमी
सड़कों गलियों, चौराहों
से गुजरकर भी
क्यों भीड़ नहीं बन जाता
क्यों ये हर बार
कहीं से आता है
कहीं चला जाता है
जबकि भीड़
न तो कहीं से आती है
और न कहीं जाती है
बस घास फूस की तरह
उग आती है सड़कों पर
भीड़ में होने का सुरक्षाबोध
पता नहीं क्यों
इतना शक्तिशाली होता है
कि हम गुजर जाते हैं
दुश्मनों के करीब से भी
बिना किसी भय के

# ७९ प्रेम पत्र

बाबजूद इसके कि
प्रेम करना बर्जित था
आसपास सभी से छुपकर
पिता ने पुत्र से छुपकर
और पुत्र ने पिता से छुपकर
किया प्रेम
तमाम पावंदियों
और बंदिशों के बीच
घर से अकेले निकलने की
बहिन की स्कूल की
कापी में मिला प्रेम पत्र
विद्यालय में मैडम ने
सिखाये थे लिखने
घरेलू पारिवारिक पत्र
माता - पिता, नाना नानी के लिए
सिखाये थे लिखने
प्रार्थना पत्र
प्रधानाचार्य के लिए
मैनेजर के लिए
लेकिन मैडम भूल
गयी थी सिखाना
प्रेमपत्र
बाबजूद इसके कि
मैडम को भी
खूब मिले थे
प्रेमपत्र

# ८० ये दुनिया है

ये दुनिया है
यहाँ सब चलता है
खोटा चलता है
खरा चलता है
अच्छा चलता है
बुरा चलता है
दिन में चलता है
रात में चलता है
साथ में चलता है
हर बात में चलता है

# ८१ कोरा कागज

कोरा  कागज सामने
और  लेखनी हाथ में
एक बोझ लेकर यादों का
हर रोज बैठता हूँ
मैं  खिड़की के पास

पदचापों के घास में उगे
आवाजों के पौधे
कभी अंदर  झांकते हैं
और मैं बैठा रहता हूँ
कोरा कागज लेकर
खिड़की के पास

एक ख्याल रात भर
चेहरा बदलकर आता रहा
किसी नए मेहमान  की तरह
मेरा रुकने का आग्रह
फिसलता रहा रेत बनकर

कभी मैं  ओढ़कर एक शाम
छत पर खड़ा देखता हूँ
पक्षियों को ओझल होते
खाली आसमान पर छोड़कर
और लौट आता हूँ
फिर बैठेने के लिए
कोरे कागज के साथ

# ८२ कुछ शब्दों को

कुछ शब्दों को
बांध के रखना पड़ता है
पिजरों में
खतरनाक जानवरों की तरह
वो लहूलुहान कर सकते हैं
नाजुक रिश्तो को

कुछ शब्दों को
सजा के रखना पड़ता है
फूलों की तरह गुलदस्तों में
जिससे महकते रहें पल
साथ बिताये
जो बनाते हैं
जीवन को खूबसूरत

कुछ शब्दों को
घेरा बनाकर  रखना पड़ता है
लक्ष्मणरेखा की तरह
जिसके अंदर
हम रह सके  सुरक्षित
मौके की प्रतीक्षा
में खड़े रावणों से

www.ingramcontent.com/pod-product-compliance
Lightning Source LLC
LaVergne TN
LVHW090330210926
848480LV00004B/1357

* 9 7 9 8 9 0 3 9 2 8 8 0 4 *